YVES-ALEXANDRE THALMANN

# Das kleine Übungsheft

# Positive Psychologie

Aus dem Französischen von
Claudia Seele-Nyima

Illustrationen von Jean Augagneur

TRINITY

**Yves-Alexandre Thalmann** ist Psychologe und anerkannter Experte im Bereich der Persönlichkeitsentwicklung. Als Doktor der Physik verpflichtet er sich in seinen gegenwärtigen Arbeitsfeldern, der Glücksforschung und der Positiven Psychologie, der wissenschaftlichen Überprüfbarkeit seiner Theorien. Er ist Autor zahlreicher erfolgreicher Bücher, darunter auch »Dankbarkeit« und »Glückstraining«, die ebenfalls in der Reihe »Das kleine Übungsheft« erschienen sind.

Die Originalausgabe ist erstmals 2012
bei Éditions Jouvence erschienen.
Titel der französischen Originalausgabe:
Petit cahier d'exercices de psychologie positive

Chemin du Guillon 20, Case 184, CH-1233 Bernex.
www.editions-jouvence.com
info@editions-jouvence.com


Umschlaggestaltung: Guter Punkt, München
Satz: Veronika Preisler, München
Druck und Bindung: Pustet, Regensburg
ISBN 978-3-95550-095-5


www.die-kleinen-uebungshefte.de

Die Positive Psychologie ist eine junge psychologische Fachrichtung, die derzeit Hochkonjunktur hat. In Deutschland wurde sie bislang vorrangig als Teil der Glücksforschung betrieben. Das wissenschaftliche Interesse der Positiven Psychologie gilt der persönlichen Entfaltung und dem Wohl von Menschen und Organisationen und weniger ihren Problemen und Leiden. Sie ist nicht darauf aus, die Not psychisch leidender Menschen zu mildern, sondern sie hat zum Ziel, allen, denen es bereits gut geht, dazu zu verhelfen, dass es ihnen noch besser geht.

Freude und Genuss,
angenehme Gefühle,
Glück, Zufriedenheit,
Gelassenheit etc. -
all diese Themen sind
das Herz dieser neuen
Wissenschaft, die sich
auf das Leben im positiven
Gefühlsbereich konzentriert.

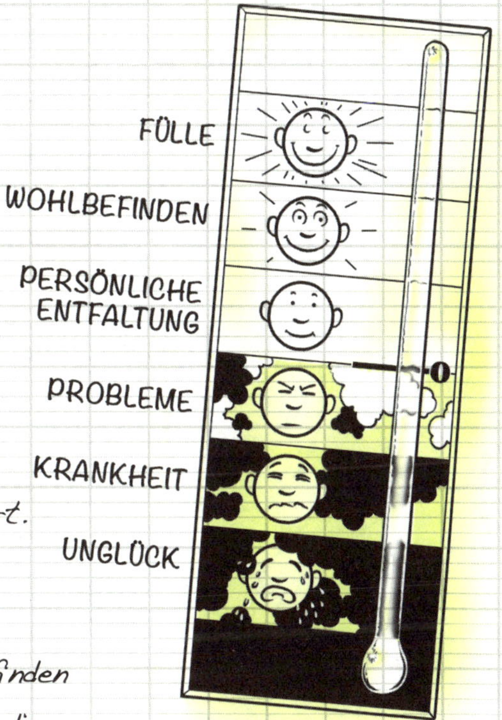


Denn Glück ist, wie Sie in
diesem Heft noch herausfinden
werden, sehr viel mehr als die
Abwesenheit von Unglück!
Und Sie haben es in der Hand ...

## Hinweis

Die Positive Psychologie ist nicht aus theoretischen Überlegungen über das Glück hervorgegangen, sondern ist vor allem das Ergebnis von Versuchen auf diesem Gebiet. Darin liegt ihre ganze Stärke. Die Strategien in diesem kleinen Übungsheft basieren also, obwohl sie ganz spielerisch daherkommen, darum nicht weniger auf strengen wissenschaftlichen Untersuchungen.

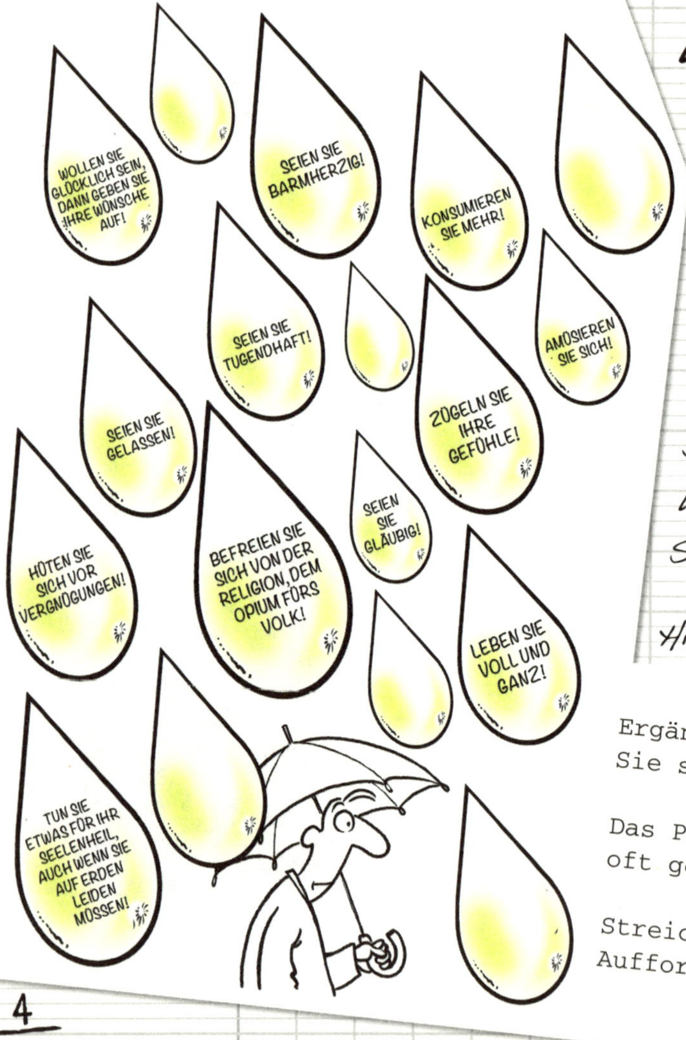


## Wozu überhaupt Glücksforschung?

Schon seit grauer Vorzeit hagelt es Ratschläge zum Glücklichsein auf die Menschheit! Mönche, Propheten, Philosophen haben zahlreiche Wege vorgeschlagen, denen Sie folgen können.

Hier ein paar davon:

Ergänzen Sie Ratschläge, die Sie selbst schon gehört haben.

Das Problem ist, dass sie sich oft gegenseitig widersprechen!

Streichen Sie widersprüchliche Aufforderungen durch.

Warum gibt es so viele Wege zum vermeintlichen Glück? Ganz einfach: Wer eine Methode findet, sich selbst zu verwirklichen, meint, diese auf jeden anwenden und verallgemeinern zu können, vergisst dabei jedoch, wie ungeheuer vielfältig die Menschen sind. Da jeder Mensch anders ist, darf bezweifelt werden, dass es eine einzige Art des Glücklichseins gibt, die für alle gilt.

Und hier kommt die Wissenschaft ins Spiel! Die Positive Psychologie versucht, **allgemeingültige Regeln** aufzustellen, also solche, die auf die **größtmögliche Anzahl** von Menschen anwendbar sind. Dafür befragt sie Tausende und analysiert, was die meisten tatsächlich glücklicher macht. Sie ersinnt Versuche, um ihre Hypothesen zu verifizieren, und leitet daraus, auf der Basis der Ergebnisse, **die Haupttendenzen** ab.

Nehmen wir als Analogie eine Diät zum Abnehmen.

Manchen Menschen gelingt es, abzunehmen. Sie empfehlen dann anderen, das zu tun, was bei ihnen gewirkt hat, ohne zu berücksichtigen, dass es für diese vielleicht gar nicht angemessen ist.

- Wissenschaftler dagegen bringen 1000 Personen zusammen, die abnehmen wollen. Sie verteilen sie nach dem Zufallsprinzip auf fünf Gruppen und messen peinlich genau die wichtigen Parameter der Gruppenmitglieder (Gewicht, Größe, Gesundheitszustand, Ausdauer, Gemütsverfassung etc.).
- Jeder Gruppe wird anschließend eine bestimmte Diät zugewiesen, die die Gruppen während eines genau bemessenen Zeitraums, zum Beispiel sechs Monate lang, befolgen sollen. Nach Ablauf der sechs Monate misst man die wichtigen Parameter erneut und analysiert die Ergebnisse. Daraus lassen sich Schlussfolgerungen ziehen, wie zum Beispiel:
  - Welche Diät ist am wirksamsten (auf sechs Monate gesehen)?
  - Welche ist am leichtesten einzuhalten?
  - Welche beeinträchtigt die Stimmung am meisten?
  - Welche ist am wenigsten gesundheitsschädlich?

Um eines klarzustellen: Das heißt nicht, dass die Diät, die allgemein am effektivsten ist, auch für SIE die beste ist! Doch wenn Sie sich entscheiden müssen, dann schlagen Sie mit Sicherheit lieber einen Weg ein, der Ihnen die <u>besten Erfolgschancen bietet</u>.

Die Wahl der Diät ermöglicht außerdem, verquere Vorstellungen und Ideen, die jeglicher Grundlage entbehren und ins Reich der Ammenmärchen gehören, beiseitezuschieben (zum Beispiel »eine Mahlzeit am Tag überspringen bewirkt eine dauerhafte Gewichtsabnahme«).

**Apropos: Wussten Sie, dass Optimisten sich gesünder ernähren als Pessimisten? Und dass weniger von ihnen exzessiv rauchen und Alkohol trinken?**

In der Psychologie gewährleistet die wissenschaftliche Methodik, dass die ermittelten Resultate auf eine größtmögliche Anzahl von Menschen **übertragbar** sind. Darum ist das, was wissenschaftlich erforscht ist, zwar nicht unbedingt besser als andere Ansätze, aber es kann verallgemeinert werden.
Was nicht wissenschaftlich erforscht ist, muss nicht weniger wirksam sein (einen Glückstreffer kann man nie ausschließen!), aber man weiß nicht, wie weit es verallgemeinbar ist …
Die Positive Psychologie untersucht also das Glück wissenschaftlich. Dadurch kann sie Handlungsweisen, die tatsächlich zu mehr persönlicher Entfaltung führen, als Möglichkeiten identifizieren, die von einer größtmöglichen Anzahl von Menschen anwendbar sind. Ebenso kann sie Elemente ausschließen, die das Glück nicht nachweisbar steigern.

Und vor allem liefert sie Ihnen solide Ergebnisse, die Sie sofort in die Tat umsetzen und selbst ausprobieren können. Hier auch gleich ein Beispiel:

## Das Losada-Verhältnis

**Wie kommt es, dass die Mitglieder mancher Arbeitsteams sich voll entfalten und andere nicht?**

Ihre Antwort:

..............................................................

..............................................................

..............................................................

..............................................................

..............................................................

..............................................................

..............................................................

..............................................................

Und hier nun die Antworten der Positiven Psychologie: Marcial Losada und seine Mitarbeiter haben die Meetings von 60 Teams eines großen Unternehmens analysiert, die acht Managern zugeordnet waren. Von allen Teams kannte man die Leistung (objektive Rentabilität), die Kundenzufriedenheit (dank entsprechender Erhebungen vor Ort) ebenso wie die Einschätzung der Vorgesetzten und der unterstellten Mitarbeiter. Für die Studie sollte sich jedes Team in einem speziell vorbereiteten Raum zusammenfinden. Es gab dort Einwegspiegel, hinter denen die Wissenschaftler sich aufhielten und so nach Belieben alle Interaktionen beobachten konnten.

Während dieser Sitzungen wurden alle Beiträge sorgfältig aufgezeichnet und anschließend in zwei Kategorien eingeteilt: positiv und negativ.

Zum Beispiel:

| POSITIV | NEGATIV |
|---|---|
| »Bravo!« | »Unsinnige Idee!« |
| »Gute Idee!« | »Ich will ja nicht den Advocatus Diaboli spielen, aber ...« |
| »Was bräuchtest du denn noch für dein Projekt?« | »Wie kann man so was nur behaupten!« |

Losada fiel auf, dass das Verhältnis der positiven Äußerungen im Vergleich zu den negativen von Team zu Team völlig unterschiedlich war. Die sehr leistungsstarken Teams zeichneten sich durch ein Verhältnis von etwa sechs positiven Interaktionen gegenüber einer einzigen negativen Interaktion aus. Die durchschnittlich leistungsfähigen Teams hatten ein Ergebnis von annähernd zwei positiven gegenüber einer negativen Interaktion. Und das Ergebnis der Teams, die am wenigsten Leistungen erbrachten, lag nur bei 0,35 – das heißt, es gab etwa dreimal mehr negative als positive Äußerungen.

Dank fachkundiger Berechnungen gelang es Losada, das kritische Verhältnis zu identifizieren: 2,9 positive Äußerungen für jede negative. Unterhalb dieser Schwelle besteht bei den Teams eine Tendenz zu Stagnation und Leistungsschwäche. Oberhalb davon können sich die Teammitglieder entfalten und arbeiten effizient.

$$\text{Entfaltung wenn } \frac{\text{Postitive Äußerungen}}{\text{Negative Äußerungen}} = \frac{2{,}9}{1}$$

Andere Studien haben bestätigt: Wohlbefinden baut auf dem Verhältnis auf, dass drei positive Elemente einem negativen Element gegenüberstehen.

Zum Beispiel bezeichnen sich Menschen, die dreimal mehr angenehme Empfindungen haben als unangenehme, gewöhnlich als glücklich im Leben. Bei Paaren ändert sich das Verhältnis zu 5:1. Im Klartext heißt das: Um in einer Paarbeziehung glücklich zu sein, sollten Sie darauf achten, fünfmal mehr Positives als Negatives zu äußern.

**Halten Sie sich an das Losada-Verhältnis?**
**Um es herauszufinden, rufen Sie sich in Erinnerung, was Sie heute gesagt haben:**

**a) Ihrem Partner/ Ihrer Partnerin**

| + | – |
| --- | --- |
| | |

**Verhältnis** $\frac{+}{-}$ = ___

(Achtung: nicht mehr als 5)

**b) Ihren Kindern**

| + | – |
| --- | --- |
| | |

**Verhältnis** $\frac{+}{-}$ = ___

**c) Ihren Kollegen**

| + | – |
| --- | --- |
| | |

**Verhältnis** $\frac{+}{-}$ = ___

**d) sich selbst**

| + | – |
| --- | --- |
| | |

**Verhältnis** $\frac{+}{-}$ = ___

Es ist auch wichtig, sich selbst gut zu behandeln!
In welchen Beziehungen haben Sie die Quote (3:1) nicht erreicht?
Wollen Sie ausgeglichener sein, sich mehr entfalten? Dann steigern Sie die Zahl Ihrer positiven Äußerungen!
Sagen Sie sich, dies ist ein gutes Mittel, andere dazu zu bringen, Sie nachzuahmen und ebenfalls mehr Positives zu äußern.

**Ist Ihnen aufgefallen, wie leicht es ist, zu KRITISIEREN, und wie viel schwieriger, ANERKENNUNG zu äußern?**

Vielleicht liegt das daran, weil wir es so von unseren Eltern und Lehrern gelernt haben, die nie vergaßen, uns zu kritisieren, wenn etwas nicht in Ordnung war, uns aber nie lobten, wenn wir etwas gut gemacht hatten? Anfangs muss man sich also dazu zwingen, das Positive zu berücksichtigen, und vor allem, es auch auszusprechen!

## Welche positiven Dinge könnten Sie Ihrem Partner/Ihrer Partnerin sagen?

- Ich liebe dich so, wie du bist.
- Es ist so schön, mit dir zusammen zu sein!
- Danke, dass du ............................(getan)hast.
- Meinen Glückwunsch, dass ............................
- ................................................................
- ................................................................
- ................................................................
- ................................................................
- ................................................................
- ................................................................
- ................................

Ergänzen Sie die Einträge!

# POSITIVE WORTE

*sollten Ihnen nie ausgehen!*

# Welche positiven Dinge könnten Sie Ihren Kindern sagen?

- Bravo!
- Du kommst wirklich gut klar!
- Ich bin stolz auf dich!
- Weiter so, es wird immer besser!
- Ist nicht schlimm, mit jedem Mal machst du Fortschritte.
- ..........................................................
- ..........................................................
- ..........................................................
- ..........................................................
- ..........................................................
- ..........................................................
- ..........................................................
- ..........................................................

## Welche positiven Dinge könnten Sie Ihren Kollegen sagen?

- Danke, dass du mir diesen Gefallen getan hast!
- Es ist schön, mit dir zusammenzuarbeiten.
- Ein Glück, dass du da bist!
- ...........................................................
- ...........................................................
- ...........................................................
- ...........................................................
- ...........................................................
- ...........................................................
- ...........................................................
- ...........................................................
- ...........................................................
- ...........................................................

## Welche positiven Dinge könnten Sie sich selbst sagen?

- Ich traue mir das Beste zu!
- Bravo! Gut gemacht.
- Ich bin wirklich gut in ................................
- ..........................................................
- ..........................................................
- ..........................................................
- ..........................................................
- ..........................................................
- ..........................................................
- ..........................................................
- ..........................................................
- ..........................................................
- ..........................................................

## Tricks!

### Trick Nr. 1: Die Bildtafel des Positiven

Warum nicht einmal eine Bildtafel anfertigen, auf der Sie in nächster Zeit die positiven und negativen Interaktionen mit Ihrem Partner/Ihrer Partnerin jeweils mit einer entsprechenden Linie für den Mund einzeichnen? Auf diese Weise werden Sie schnell erkennen, wo Sie in Ihrer Beziehung stehen …

## Trick Nr. 2:
## Unsichtbare Streicheleinheiten

Wenn Ihnen nur unter Schwierigkeiten positive Äußerungen einfallen, können Sie sich erst einmal darauf konzentrieren, Negatives zu reduzieren. Verzichten Sie auf unnötige Kritik (solche, bei der Sie sich zwar abreagieren, die aber Ihrem Gegenüber in keiner Weise nützt).

**Welche Kritik könnten Sie von nun an nicht mehr äußern?**

- ..................................................
- ..................................................
- ..................................................
- ..................................................
- ..................................................
- ..................................................
- ..................................................
- ..................................................
- ..................................................

# Dankbarkeit

Den Menschen, die uns nahestehen, positive Dinge zu sagen und unsere Dankbarkeit ihnen gegenüber zu äußern ist eine gute Methode, um unser Zusammenleben zufriedener zu gestalten.

Doch das ist noch nicht alles! Vertreter der Positiven Psychologie fanden heraus, dass schon allein das Äußern von Dankbarkeit unser Wohlbefinden steigert, und zwar beträchtlich.

Warum ist das so?

Um Dankbarkeit zu empfinden, müssen wir unsere Aufmerksamkeit auf das richten, was wir haben, auf alle Vorteile, die wir haben – und nicht auf das, was nicht gut läuft.

Im Leben gibt es unweigerlich Positives und Negatives.
Wir haben Freunde, eine Arbeit, sind gesund, leben in einem demokratischen Land, gesundheitliche Versorgung ist uns zugänglich und wir haben einen gehobenen Lebensstandard: elektrische Haushaltsgeräte, Fahrzeuge etc. Doch es gibt auch Unfälle, Krankheiten, Pannen, Scherereien mit Behörden, Umweltverschmutzung etc. All das existiert.

Doch wir allein entscheiden, worauf wir unsere Aufmerksamkeit richten! Je mehr Aufmerksamkeit wir dem Negativen schenken, umso mehr sinkt unsere Stimmung. Je mehr wir uns auf das Positive konzentrieren, umso mehr verbessert sich unsere Gemütslage. Ohne dass sich an der Realität etwas ändert!

## Probieren Sie es aus – überzeugen Sie sich selbst!

Stufen Sie Ihre gegenwärtige Stimmung ein, indem Sie auf der folgenden Skala eine Markierung einfügen:
von -10 (sehr düster) bis +10 (sehr positiv).

| | | |
|---|---|---|
| **-10** | **neutral** | **+10** |

Erinnern Sie sich nun an ein schmerzliches Ereignis aus Ihrem Leben (Sterbefall, Unfall, Betrug …). Wie stufen Sie Ihre Laune jetzt ein? Markieren Sie die Stelle mit einem Dreieck.

Rufen Sie sich nun eine sehr angenehme Erinnerung ins Gedächtnis (Ferien, ein Moment unter Freunden, eine romantische Begegnung …).

Wie viele Punkte hat Ihre Stimmung jetzt erreicht? Markieren Sie die Stelle mit einem Kreuz.

## Feststellung: Unsere Stimmung wird **BEEINFLUSST VON DEM, WAS WIR DENKEN,** worauf wir unsere Aufmerksamkeit richten.

Mit unserer Aufmerksamkeit ist es ein bisschen wie mit dem Geld: Wir können entscheiden, wo wir es investieren und welche Art von Ergebnis wir gerne hätten.
Werden Sie Ihren Kontostand des Unglücks oder den des Glücks erhöhen?

Statt über das zu schimpfen, was nicht geht, versuchen Sie, sich auf alles zu konzentrieren, was gut läuft und für das Sie dankbar sein können. Darin liegt das Geheimnis der Dankbarkeit.

**Zum Beispiel:**

- Ich habe Zugang zum Internet, das es mir ermöglicht, an viele Informationen heranzukommen.
- Morgens kann ich mit warmem Wasser duschen.
- Dank meiner Brille kann ich klar und deutlich sehen.
- Es gibt Leute, die dafür bezahlt werden, die Stadt sauber zu halten.
- ...........................................................
- ...........................................................
- ...........................................................
- ...........................................................
- ...........................................................
- ...........................................................
- ...........................................................
- ...........................................................

Und vergessen wir nicht einen großen Klassiker der Positiven Psychologie: »Das kleine Übungsheft – Dankbarkeit« von Yves-Alexandre Thalmann!
Schreiben Sie zweimal wöchentlich drei Dinge in ein Heft, für die Sie dankbar sind.

Ein Vertreter der Positiven Psychologie, der seiner Zeit voraus war: Demokrit.

Und natürlich ist es sinnvoller, für das, was nicht gut läuft, Ihre Energie zu mobilisieren und zu versuchen, die Situation zu ändern. Schimpfen nützt wirklich nichts ...

Kennen Sie den Unterschied zwischen Erfolg und Glück?

**ERFOLG BEDEUTET, MAN BEKOMMT, WAS MAN WILL. GLÜCK BEDEUTET, MAN WEISS ZU SCHÄTZEN, WAS MAN HAT.**

## Optimistisch – ja! Naiv – nein!

Das Glas als halb voll ansehen ist sicherlich angenehm, aber heißt das nicht manchmal, die Augen vor dem Unglück der Welt verschließen? Pessimisten sind trotz allem realistischer, oder?

## Nicht unbedingt!

Psychologen zufolge bewirken angenehme und unangenehme Gefühle jeweils, dass wir die Welt anders sehen. Nicht weniger richtig, nicht minder falsch, sondern anders.

Hier ein kleiner Test, damit Sie es selbst merken:

**Was meinen Sie: Welche der beiden Zeichnungen unten entspricht der darüber eher - die mit den Rauten oder die mit den Quadraten?**

Haben Sie eine Wahl getroffen?

Natürlich gibt es keine richtige Antwort auf diesen Test. Die linke Form entspricht dem Modell eher in seinem **globalen Aspekt** (drei Elemente, die als Dreieck angeordnet sind), während die rechte ihm eher auf der **Detail-Ebene** entspricht (Figur, die aus Quadraten besteht).

Die Positive Psychologie hat gezeigt, dass gut gelaunte Menschen die Rauten bevorzugen, das heißt, sie betrachten die Dinge global, während Menschen, die eher griesgrämig sind, zu den vier Quadraten neigen: Sie konzentrieren sich mehr auf die Details.

Unangenehme Gefühle, wie Zorn, Traurigkeit und Angst, ziehen tendenziell **konzentrierte** Aufmerksamkeit auf sich (damit wir angemessen auf eine Gefahr oder ein Problem reagieren können, was unseren Vorfahren das Überleben ermöglichte …), während angenehme Gefühle Entspannung herbeiführen und bewirken, dass der Fokus der Aufmerksamkeit sich **erweitert**.

Positive Stimmung, die beispielsweise durch eine optimistische Sicht der Realität hervorgerufen wird, fördert eine globale Verarbeitung der Information. Im Gegensatz dazu begünstigt eine missmutige Gemütslage eine eher analytische, systematische Herangehensweise. Erstere greift mehr auf Analogiebildung zurück, während Letztere Logik bevorzugt. Beide Modi **ergänzen sich** und ermöglichen uns, bestimmte Aufgaben effizienter zu erledigen.

**SCHLUSSFOLGERUNG 1:** Beide Arten von Gefühlen – angenehme und unangenehme – ergänzen einander und sind notwendig, damit wir gut funktionieren.

**SCHLUSSFOLGERUNG 2:** In bestimmten Momenten ist eine optimistische Lebenssicht angemessen, in anderen erweist sich eine pessimistischere Sicht als nützlich.

**Wussten Sie, dass Optimisten mehr Berufsunfälle haben? Sie schützen sich tendenziell weniger als andere Arbeitende ...**

Eine dogmatische, starre Sicht, unerschütterlicher Optimismus oder unverbesserlicher, pauschaler Pessimismus – das sind Verhaltensformen, aus denen Probleme entstehen ... Allerdings: Wenn man es sich aussuchen könnte, sollte man sich für eine optimistische Grundhaltung entscheiden, denn Optimisten leben besser als Pessimisten – und länger! Das ist erwiesen.

Und wenn glückliche Menschen einfach **DIE WÄREN, DIE IHRE WAHRNEHMUNG DES UNGLÜCKS VERRINGERN KÖNNEN?**

# Die Nonnenstudie

Wie kann es sein, dass Optimisten länger leben? Es spielen doch so viele Faktoren eine Rolle (zum Beispiel Stress, sportliche Aktivitäten oder die Ernährung)!

Um dieser Frage auf den Grund zu gehen, kamen drei Psychologen, Danner, Snowdon und Friesen, auf die Idee, die Nonnen eines großen amerikanischen Klosters als Studienobjekt zu nehmen. So war gewährleistet, dass die Untersuchungspopulation im Hinblick auf Lebensstil und Lebensrhythmus wie auch auf Ernährung und ausgeübte Aktivitäten (in diesem Fall viele Gebete) vergleichbar war.

Die Forscher befassten sich mit den Schreiben von etwa 180 Novizinnen, die diese im Alter von 20 Jahren zum Ordenseintritt an die Oberin geschrieben hatten, um ihre Motivation für ein Leben als Nonne zu erläutern. Unabhängige Personen sollten anschließend diese Briefe in zwei Gruppen sortieren, je nach Anzahl der geäußerten positiven Gefühle (»Mein Leben dem Herrn zu weihen erfüllt mich mit tiefem Glück«, »Es ist für mich eine unermessliche Freude, dass ...«).

Das Interesse der Wissenschaftler galt der durchschnittlichen Lebensdauer der beiden Nonnengruppen. So stellten sie fest, dass die optimistische Gruppe eine um fast sieben Jahre höhere Lebenserwartung hatte als die andere. Mit 95 Jahren lebten zum Beispiel noch doppelt so viele optimistische Schwestern wie Nonnen aus der anderen Gruppe.

Diese Studie, die »The nun study« getauft wurde, gehört zu den »Klassikern« der Positiven Psychologie. Ihre Schlussfolgerung ist entwaffnend einfach:

**Seien Sie optimistisch, empfinden Sie angenehme Gefühle und Sie werden Ihre Lebenserwartung erhöhen!**

## Großzügigkeit

Unsere Aufmerksamkeit wie auch unsere Energie sind mit Geld vergleichbar. Wir können beschließen, wofür wir sie investieren wollen – allerdings mit einem wesentlichen Unterschied!

Denn im Gegensatz zum Geld verhält es sich mit der Energie so: Je mehr wir davon zugunsten anderer GEBEN, umso reicher werden wir!
Im Klartext: Großzügigkeit macht glücklich.

**Dankbarkeit, Großzügigkeit … Sind denn die Vertreter der Positiven Psychologie Moralapostel geworden? Haben sie sich oder ihre Seele der Religion verschrieben? Nein! Sie empfehlen DANKBARKEIT und GROSSZÜGIGKEIT nicht deswegen, weil es Tugenden sind oder weil sie unsere Seele retten wollen (das fällt nicht in ihre Sparte!), sondern weil sie die POSITIVEN AUSWIRKUNGEN AUF DIE SELBSTVERWIRKLICHUNG getestet haben!**

**Warum macht Großzügigkeit glücklicher?**

Ihre Meinung:

- ........................................................
- ........................................................
- ........................................................

Wer gibt, ohne im Gegenzug etwas dafür zu erwarten, ...

- hat angenehme Gefühle und fördert ein positives Bild von sich selbst (Steigerung der Selbstachtung);
- weiß, dass er zum Wohlbefinden anderer beiträgt;
- macht sich bewusst, was er hat (da er es gibt), statt an das zu denken, was ihm fehlt;
- merkt im Vergleich mit anderen, die weniger haben, welche Privilegien er genießt und dass er dazu neigt, sie zu vergessen;
- wird Teil eines Netzwerks gegenseitiger Hilfe, von dem er im Fall des Falles ebenfalls profitiert. Selbst etwas gegeben zu haben nährt das Vertrauen in die Menschen und die Überzeugung, dass sie großzügig und hilfsbereit sind.

»Positiven Psychologen« ist aufgefallen, dass Großzügigkeit ansteckend ist. Bestimmt haben Sie das auch schon gemerkt. Wenn Ihnen zum Beispiel jemand aus der Patsche hilft, sind Sie Ihrerseits eher bereit, jemand anderem zu helfen. Lässt ein Autofahrer Ihnen die Vorfahrt, lassen Sie ebenfalls bereitwilliger anderen die Vorfahrt.

Es gibt so vieles, was man geben kann!
Und nun Sie: Ergänzen Sie die Liste!

**Geld** **Glückwünsche** **Zeit**

**Lächeln** **Geschenke** **Aufmerksamkeit**

.............................................

.............................................

.............................................

.............................................

.............................................

Wie wär's: Legen Sie doch einmal eine Mindestanzahl guter Taten pro Tag oder Woche fest, die sie tun möchten.

# Lächeln Sie – im Ernst!

Ein Lächeln kostet nichts und kann bekanntlich viel bewirken. Besser noch: Lächeln macht tendenziell glücklich ... denjenigen, der es zeigt!

Psychologen haben einen neuronalen Mechanismus identifiziert, den sie Facial Feedback getauft haben.

Wenn wir uns freuen, zeigt sich spontan ein Lächeln auf unserem Gesicht. Doch das gilt auch umgekehrt: Haben wir ein Lächeln auf dem Gesicht, werden Botschaften an das Gehirn gesandt, die dieses als Zeichen der Freude interpretiert. Daraufhin schüttet es entsprechende Neurotransmitter aus – die Laune bessert sich!

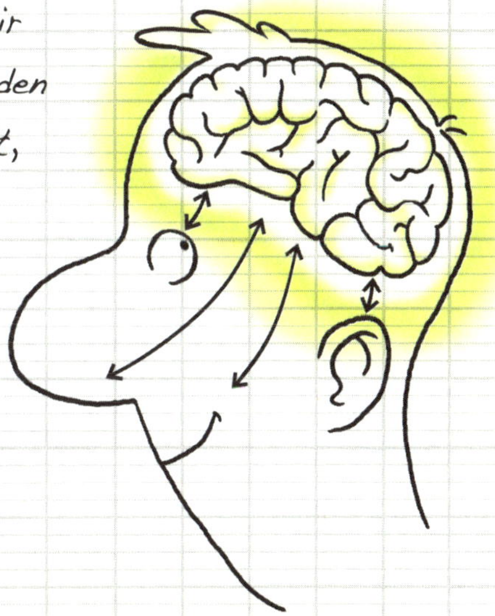

**VORSICHT!**

**Dieser Mechanismus funktioniert auch bei negativen Gefühlen: Traurige heruntergezogene Mundwinkel bewirken tendenziell, dass die Stimmung sinkt.**

Doch wir sind hier bei der Positiven Psychologie: Nichts geht über ein gutes Experiment!

Nehmen Sie einen Stift zur Hand und klemmen Sie ihn sich ein paar Minuten zwischen die Zähne. Beobachten Sie, was mit Ihrer Stimmung geschieht.

Legen Sie ihn dann über Ihre Oberlippe und versuchen Sie, ihn im Gleichgewicht zu halten, indem Sie ihn unter der Nase einklemmen.

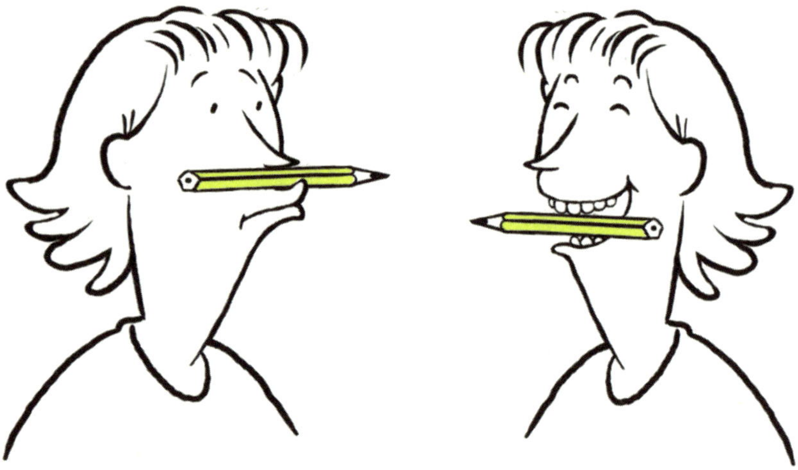

Der Stift zwischen den Zähnen zwingt Sie zum Lächeln, während der Stift über der Lippe bewirkt, dass Sie eine Flappe ziehen. Sie stimmen mir sicherlich zu, dass die damit einhergehende Stimmung nicht dieselbe ist!

**VON HEUTE AN**
üben Sie mehrmals täglich
ein paar Minuten mit dem Stift
zwischen den Zähnen,
**UM SICH ETWAS GUTES ZU TUN …**

*Langfristig lässt sich das Gehirn allerdings nicht so leicht überlisten – nichts geht über ein ECHTES Lächeln!*

Schneiden Sie fünf oder sechs Fotos lächelnder Menschen aus Zeitschriften aus und kleben Sie sie in diesen Rahmen. Welche zeigen ein echtes Lächeln?

Finden Sie es heraus: Verdecken Sie den Mund und betrachten Sie nur die Augen. Auf manchen Bildern lächeln auch die Augen.

Konkret bedeutet das: Bei einem echten Lächeln (auch »Duchenne-Lächeln« genannt, nach dem Wissenschaftler, der die Kontraktionen der Gesichtsmuskeln genau untersuchte) werden nicht nur die Mundwinkel nach oben gezogen (Smiley), sondern es ziehen sich auch die Muskeln um die Augen herum zusammen, besonders im äußeren Bereich.

Nehmen Sie sich einen Bleistift und einen Radiergummi und versuchen Sie, den folgenden Smiley mit verschiedenen Augenpaaren zu vervollständigen. Welches finden Sie am fröhlichsten?

Anhand von Baseballspieler-Porträtfotos aus den 1950er-Jahren (die Entsprechung der heutigen Panini-Bilder) wurde eine Studie durchgeführt.

Unabhängige Personen sollten das Lächeln der Spieler einordnen: kein Lächeln, Lächeln nur mit dem Mund oder echtes Lächeln. Ergebnis der Studie: Das Sterberegister bis zum Jahr 2009 zeigte, dass pro Jahr nur halb so viele der Sportler, die auf den Bildern lächelten, starben wie nicht lächelnde.

Eine positive **EINSTELLUNG**, die sich in häufigerem **LÄCHELN** zeigt, erhöht die **LEBENSQUALITÄT** und wirkt **LEBENSVERLÄNGERND!**

*»Manchmal lächeln wir, weil wir glücklich sind, aber manchmal sind wir glücklich, weil wir lächeln.«*

Thich Nhat Hanh

- Mehr Positives als Negatives äußern
- Sich dankbar zeigen
- Die Dinge von der guten Seite sehen
- Großzügig sein
- Lächeln ...

Sollte tatsächlich nur das der Schlüssel zum Glück und zur Selbstverwirklichung sein?
Und die Lebensumstände, spielen die etwa keine Rolle?
Doch, natürlich! Die Ereignisse beeinflussen den Grad unseres Glücks ... aber nicht so stark, wie wir meinen!

## »Ich wäre SO GLÜCKLICH, wenn ...«

Im Leben nehmen wir sehr oft die Freude und Zufriedenheit vorweg, die wir in einer zukünftigen Situation erleben werden. »Wenn ich erst verheiratet bin, wenn ich eine Arbeit gefunden habe, wenn ich Urlaub habe, wenn mein Lieblingsfußballverein den Pokal gewonnen hat ... etc., dann werde ich so glücklich sein!«
Aber sind unsere Projektionen überhaupt verlässlich? Können wir unser zukünftiges Glück wirklich richtig vorhersagen?

Um das zu überprüfen, stellen Sie sich einige angenehme Ereignisse vor, die demnächst in Ihr Leben treten werden. Bewerten Sie auf einer Skala von 1 (sehr wenig Freude) bis 10 (Ekstase) die Gefühle, die Sie in diesem Moment empfinden werden.

Warten Sie, bis die Ereignisse eintreten, und schätzen Sie dann ein, wie viel Freude sie Ihnen tatsächlich in dem betreffenden Moment bereiten.

Wahrscheinlich sind Sie zu demselben Schluss gelangt wie die Vertreter der Positiven Psychologie:

| **Glückliches bevorstehendes Ereignis** | **Vorfreude** | **Tatsächlich empfundene Freude** |
|---|---|---|
| Billardpartie mit Freunden | 7 | 4-5 |
| Romantischer Abend | 8 | 6 |
| | | |
| | | |
| | | |
| | | |

**Sie stellen fest:**

..........................................................................

..........................................................................

»Wir **BETRÜGEN** uns tendenziell selbst, wenn wir uns **VORZUSTELLEN VERSUCHEN**, welche **ANGENEHMEN GEFÜHLE** wir haben werden, wenn der Moment erst gekommen ist.«

Die wahren Ereignisse sind nie identisch mit dem, was wir uns vorgestellt haben: Sicher, die Billardpartie war ganz nett, aber Michael, unser bester Freund, fühlte sich ein bisschen krank. Und was den romantischen Abend angeht – der wurde davon durchkreuzt, dass es in unserem Lieblingsrestaurant keinen Platz mehr gab.

Da das empfundene Glück an unsere angenehmen Gefühle gekoppelt ist, ist es sehr schwierig, **vorherzusehen, was uns wirklich glücklich macht.**

**Macht Geld zum Beispiel glücklich?**
Arme sagen, Geld würde sie glücklich machen.
Reiche sagen, Geld mache sie nicht glücklich (darauf verzichten würden sie allerdings trotzdem nicht).

Beantworten Sie die Frage, indem Sie mit einer Kurve den Verlauf einzeichnen, der anzeigt, wie sich das Wohlbefinden abhängig vom Einkommen entwickelt.

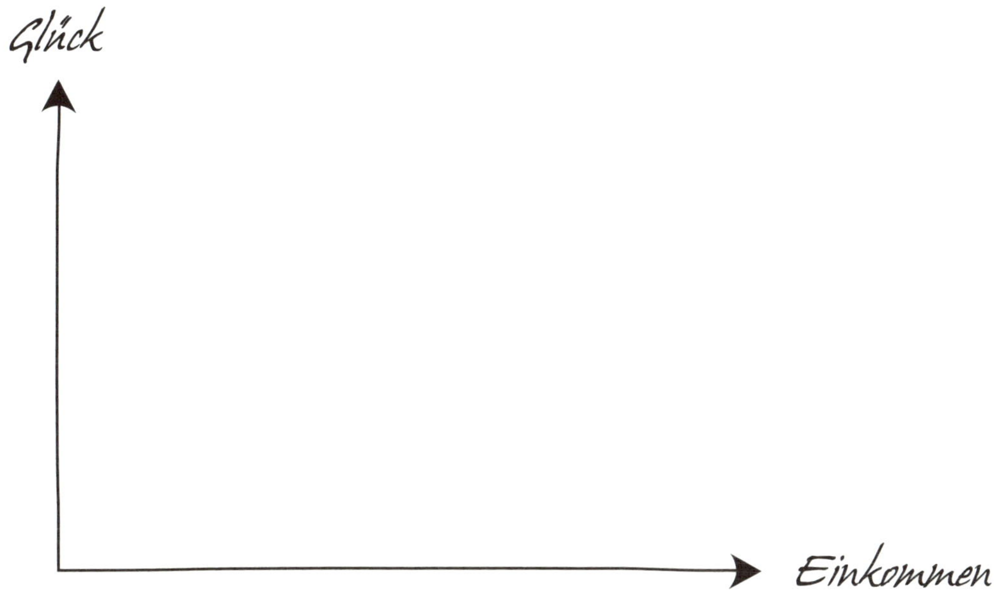

Was meinen Sie, wer hat recht? – Tatsächlich beide! Studien haben gezeigt: Wenn man nicht genug besitzt, um seine Grundbedürfnisse zu befriedigen (Nahrung, Unterkunft, Sicherheit), hält man sich nicht für glücklich. Demgegenüber macht ein höheres Einkommen keinen großen Unterschied mehr aus, wenn diese Bedürfnisse erst einmal befriedigt sind.

Grafisch dargestellt:

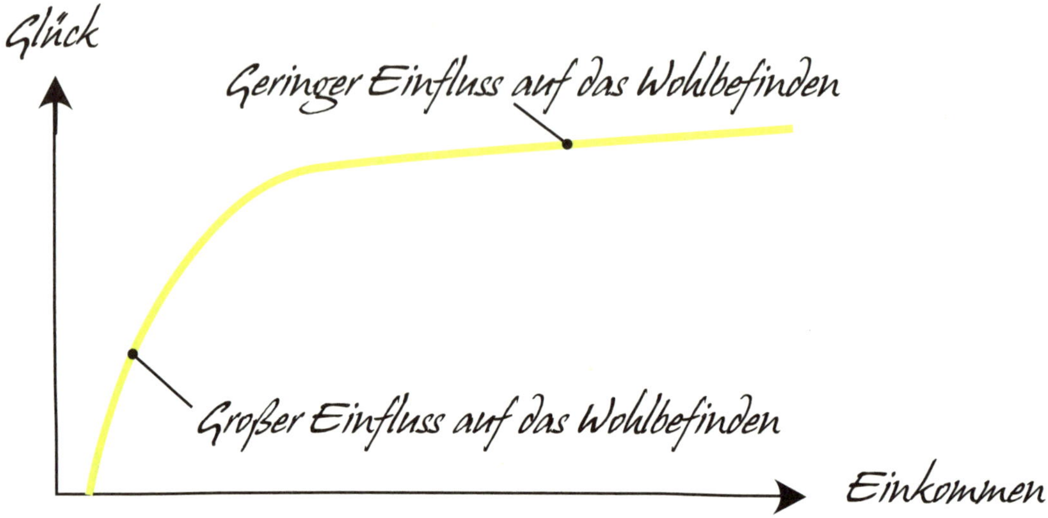

Geld macht Reiche nicht glücklich, aber Arme.
Wenn wir nun das, was die Leute vorhersagen, damit vergleichen, was tatsächlich gemessen wird, dann kommt Folgendes dabei heraus:

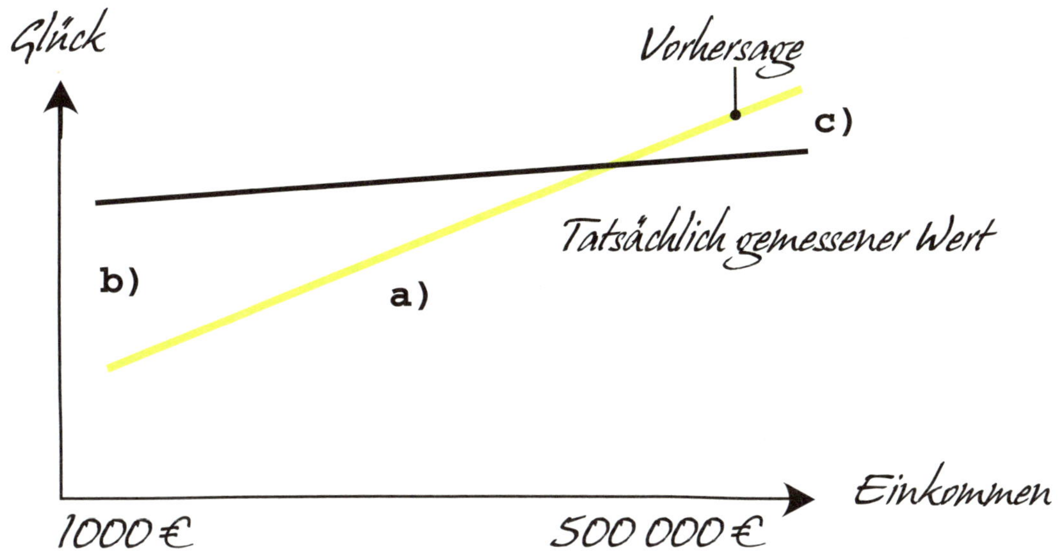


Im Allgemeinen …

**a)** überschätzen wir die Verbindung zwischen Geld und Glück (zu steile Linie).

**b)** unterschätzen wir das Glück geringer Einkünfte (erhebliche Abweichung links).

**c)** überschätzen wir das Glück hoher Einkünfte (Abweichung rechts).

Außerdem: Vergleicht man die Höhe der Einkünfte seit der Mitte des letzten Jahrhunderts und den Grad des Wohlbefindens, der angegeben wurde, dann fällt folgendes Paradox auf: Während wir unbestreitbar besser leben (auf jeden Fall in puncto Komfort), halten wir uns deswegen jedoch nicht für glücklicher. Wie kommt das?

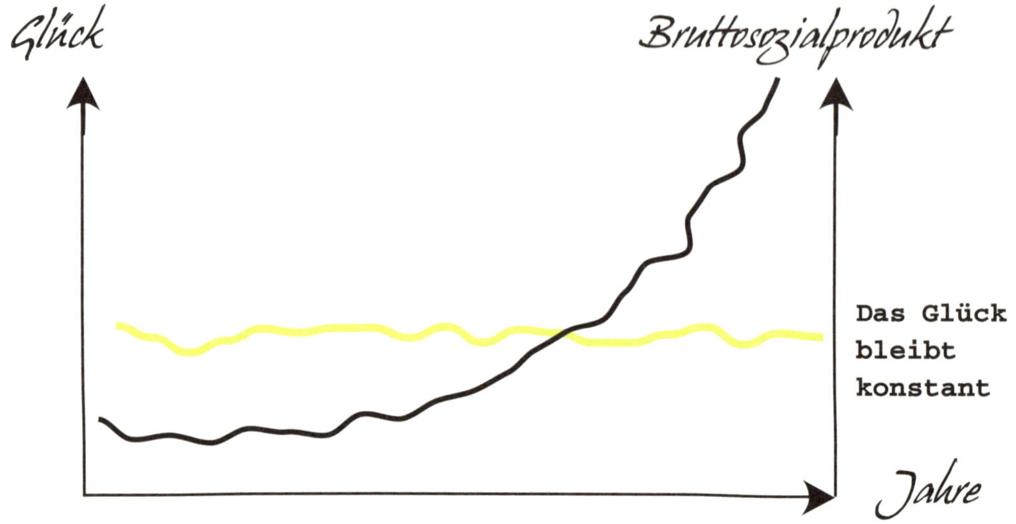

Wir sind also jämmerliche Hellseher, wenn es darum geht, vorherzusagen, was uns glücklich macht.

Studien haben gezeigt, dass wir die Wirkung unseres Vermögens auf unser Glück überschätzen. Die meisten Menschen würden gerne mehr verdienen und meinen, dies würde sie glücklicher machen ... doch das ist ein Irrtum!

Dementsprechend freuen wir uns auf den Urlaub, selbst dann, wenn wir uns am Urlaubsziel langweilen oder auf der Reise unter Stress stehen (Staus zur Ferienzeit - Sie wissen, was ich meine?).

Wir hoffen, der verwandten Seele zu begegnen, auch wenn uns nach der Hochzeit bewusst wird, dass wir im Grunde nicht viel glücklicher sind als vorher (Heirat macht tatsächlich glücklicher, allerdings nur für etwa 5 Jahre, wie uns die Experten sagen).

## WIE KOMMT DAS?

**Um das herauszufinden, versuchen Sie es einmal mit folgendem Spiel (das Sie sicherlich kennen, weil Sie es als Kind gespielt haben). Jeder Spieler muss aus dem Gedächtnis wiederholen, was der vorhergehende Spieler gesagt hat, und der Liste ein neues Element hinzufügen:**

- Ich packe in meinen Koffer einen Hocker.
- Ich packe in meinen Koffer einen Hocker und einen Tisch.
- Ich packe in meinen Koffer einen Hocker, einen Tisch und einen Stuhl.
- Ich packe in meinen Koffer einen Hocker, einen Tisch, einen Stuhl und ein Bett.
- Ich packe in meinen Koffer einen Hocker, einen Tisch, einen Stuhl, ein Bett und einen Schrank.
- Ich packe in meinen Koffer einen Hocker, einen Tisch, einen Stuhl, ein Bett, einen Schrank und ein Fahrrad.
- Ich packe in meinen Koffer einen Hocker, einen Tisch, einen Stuhl, ein Bett, einen Schrank, ein Fahrrad und ein Radio.
- Ich packe in meinen Koffer einen Hocker, einen Tisch, einen Stuhl, ein Bett, einen Schrank, ein Fahrrad, ein Radio und einen Fernseher.
- Ich packe in meinen Koffer einen Hocker, einen Tisch, einen Stuhl, ein Bett, einen Schrank, ein Fahrrad, ein Radio, einen Fernseher und ein Telefon.
- Ich packe in meinen Koffer einen Hocker, einen Tisch, einen Stuhl, ein Bett, einen Schrank, ein Fahrrad, ein Radio, einen Fernseher, ein Telefon und ein Auto.
- Ich packe in meinen Koffer einen Hocker, einen Tisch, einen Stuhl, ein Bett, einen Schrank, ein Fahrrad, ein Radio, einen Fernseher, ein Telefon, ein Auto und ein schönes Haus mit 12 Zimmern, überdachtem Pool, Whirlpool und Tennisplatz …

Sie haben es verstanden: Jedes Mal, wenn unser Komfort sich erhöht, wird das unser neuer Bezugspunkt und wir vergessen, wie es vorher war. Wir haben uns angepasst.

Das Leitwort ist also:

**ADAPTATION**

Wir passen uns an Situationen an, die wir erleben – so gut, dass das, was uns anfangs glücklich macht, zur Gewohnheit wird und uns kein gesteigertes Glück mehr vermittelt. Es ist ein bisschen vergleichbar mit dem Gewöhnungseffekt bei Drogenabhängigen.

**Messen Sie bei sich selbst einmal die Auswirkungen der hedonistischen Adaptation (Anpassung).**

Gönnen Sie sich ein schönes Eis mit Ihren Lieblingsgeschmacksrichtungen.

Tragen Sie auf einer Genuss-Skala ein, wie sich Ihre Geschmacksempfindung in Echtzeit entwickelt:

10
0
Vor dem ersten Schlecken

10
0
Erstes Schlecken

10
0
Zweites Schlecken

10
0
Nach der Hälfte

10
0
Letztes Schlecken

Adaptation ist jedoch nicht nur negativ! Sie sorgt zwar dafür, dass unsere Freude nach glücklichen Ereignissen vermindert wird - aber ebenso sehr auch unsere Verzweiflung nach unglücklichen Ereignissen!

Viele Kranke oder Unfallopfer erkären, sie seien genauso glücklich wie vor dem Unglück, wenn nicht sogar noch glücklicher ...

Das liegt daran, dass unser Glück viel mehr von unserer **inneren Einstellung** abhängt als von den Geschehnissen in unserem Leben.

**Empfehlung**

**Entwickeln Sie im Leben eine Geisteshaltung der Dankbarkeit, das wirkt den dämpfenden Auswirkungen der hedonistischen Anpassung entgegen.**

# Sind Sie glücklich?

Hier ein Instrument, mit dem Sie genau nachmessen können, wie glücklich Sie im Leben sind. Es wurde von Sonja Lyubomirsky, Professorin für Positive Psychologie an der Universität von Kalifornien, entwickelt.

Anleitung: Unten finden Sie eine Anzahl von Äußerungen über das Glück. Geben Sie an, wie weit diese Ihre eigene Meinung widerspiegeln, indem Sie den Aussagen eine Zahl der folgenden Skala zuordnen:

**1** = Stimme überhaupt nicht zu
**2** = Stimme eher nicht zu
**3** = Stimme weniger zu
**4** = Teils/teils
**5** = Stimme eher zu
**6** = Stimme voll und ganz zu

____ **1** Ich bin bei Weitem nicht mit meiner Persönlichkeit zufrieden.

____ **2** Ich interessiere mich brennend für andere.

____ **3** Ich habe den Eindruck, dass das Leben mir vieles bietet.

____ **4** Die meisten Menschen wecken warmherzige Gefühle in mir.

____ **5** Beim Aufstehen fühle ich mich selten ausgeruht.

____ **6** Was die Zukunft angeht, bin ich kaum optimistisch.

____ **7** Die meisten Dinge finde ich amüsant.

____ **8** Nichts oder fast nichts lässt mich kalt.

____ **9** Das Leben ist schön.

____ **10** Die Welt, in der wir leben, ist wirklich nicht gerade die beste.

____ **11** Ich lache oft.

____ **12** Im Großen und Ganzen bin ich mit meinem Leben zufrieden.

____ **13** Ich glaube nicht, dass ich besonders anziehend bin.

____ **14** Das, was ich gerne täte, und das, was ich tue, klafft auseinander.

____ **15** Ich bin sehr glücklich.

____ **16** Manchmal entdecke ich etwas Schönes in dem, was ich sehe.

____ **17** Meine Anwesenheit gibt anderen Halt.

____ **18** Ich finde immer die Zeit, das zu tun, was ich zu tun habe.

____ **19** Ich habe das Gefühl, dass mein Leben sich meiner Kontrolle entzieht.

____ **20** Ich habe das Gefühl, alles anpacken zu können.

____ **21** Ich achte immer auf das, was mich umgibt.

____ **22** Ich empfinde häufig Freude und Zufriedenheit.

____ **23** Es fällt mir schwer, Entscheidungen zu treffen.

____ **24** Ich habe eigentlich nicht den Eindruck, dass mein Leben einen Sinn hat.

____ **25** Meine Energie ist überbordend.

____ **26** Ich beeinflusse die Ereignisse oft so, dass sie einen guten Verlauf nehmen.

____ **27** Ich finde andere nicht amüsant.

____ **28** Ich habe nicht den Eindruck, dass ich sehr gesund bin.

____ **29** Mein Erinnerungen an die Vergangenheit sind nicht sehr glücklich.

**Ergebnisse:**

Erster Schritt: Tragen Sie bei Punkt 1, 5, 6, 10, 13, 14, 19, 23, 24, 27, 28 und 29 jeweils den entgegengesetzten Wert Ihres Ergebnisses ein.

Wenn Sie also bei einer Äußerung 6 Punkte erhalten haben, wird daraus eine 1; 5 wird zu 2, 4 wird 3, 3 wird 4, 2 wird 5 und 1 wird 6.

Zweiter Schritt: Zählen Sie all Ihre Punkte zusammen (mit den Korrekturen) und bestimmen Sie Ihr Endergebnis, indem Sie die Gesamtpunktzahl durch 29 teilen.

Die durchschnittliche Punkzahl ist 4,3. Liegen Sie im Durchschnitt?

## Positive Psychologie - ein Quiz

Jede Wissenschaft hat ihre eigenen Berühmtheiten.

**Können Sie diese bedeutenden Namen der Positiven Psychologie** (ja, momentan nur amerikanische Namen!) **ihren Entdeckungen und Werken zuordnen?**

Mihaly Csikszentmihalyi
(gesprochen Tschik-sent-mi-hali)

Tal Ben-Shahar

Sonja Lyubomirsky

Jon Kabat-Zinn

Martin Seligman

Edward Diener

1) Optimismus ist lernbar.

2) Achtsamkeitsmeditation trägt zum Wohlbefinden bei.

3) Wenn wir uns konzentrieren, sind wir im »Flow« und gehen in dem auf, was wir tun.

4) Glück erlangen wir, wenn wir mit Freude Dinge tun, die in unseren Augen sinnvoll sind.

5) Es ist möglich, den Grad unseres Glücks um 40 Prozent zu steigern.

6) Glück kann man wissenschaftlich erforschen und messen.

**Antworten:**

**Tal Ben-Shahar(4)**
ist Professor für Positive Psychologie in Harvard. Ihm zufolge setzt sich Glück zusammen aus der Freude an unseren Handlungen und dem Sinn, den wir ihnen zuweisen. Wir verdanken Tal Ben-Shahar viel, denn durch seine Werke hat er die Verbreitung der Positiven Psychologie - insbesondere in Europa - gefördert.

**Mihaly Csikszentmihalyi(3)**
hat sein Leben der Vorstellung der optimalen Erfahrung bzw. dem »Flow« gewidmet: Wenn wir ganz konzentriert sind, verschwinden unsere Sorgen, während wir gleichzeitig eine maximale Effizienz erreichen.

**Martin Seligman(1)**
gilt als der Vater der Positiven Psychologie. Urheber des Konzepts der Erlernten Hilflosigkeit und Experte für Depressionen, wandte er sich dann dem Thema »Optimismus lernen« zu.

**Jon Kabat-Zinn (2)**
hat die Achtsamkeitspraxis in das Gebiet der Psychologie eingeführt, insbesondere als Mittel zur Stressreduktion.

**Sonya Lyubomirsky (5)**
hat an zahlreichen Untersuchungen zum Thema Glück mitgewirkt. Ihre Publikationen behandeln vor allem den genetischen Einfluss auf das Glück, der auf 50 Prozent geschätzt wird.

**Edward Diener(6)**
ist ein Wissenschaftler, der zahlreiche Artikel über Wohlbefinden und Glück in Fachzeitschriften veröffentlichte und dazu beitrug, die wissenschaftliche Reputation der Disziplin zu festigen.

# Das Glücks-Portfolio

*Wir haben allen Grund, glücklich zu sein. Doch wir neigen dazu, es zu vergessen.*

*Um dieser Neigung des Vergessens (und der hedonistischen Adaptation) entgegenzuwirken, fertigen Sie ein Glücks-Portfolio für sich an.*

Nehmen Sie sich eine große Mappe und tun Sie alles hinein, was Ihre Erfolge symbolisiert; alles, was Sie zufrieden macht und zu Ihrem derzeitigen Glück beiträgt: Fotos, Briefe, Postkarten, Erinnerungsstücke, Flugtickets etc.

Wenn Sie mit den neuen Technologien vertraut sind, können Sie auch Ihren Computer dafür benutzen.

**Und wenn das Glück darin bestünde, mehr von dem zu tun, worin man bereits gut ist und was man gerne tut?**

Sehen Sie sich den Inhalt Ihrer Mappe ruhig jede Woche an.

Wenn Ihre Stimmung tendenziell sinkt, ist das ein gutes Gegenmittel.

Und so können Sie dieses Portfolio nennen:

**DAS LEBEN IST SCHÖN!**

## Der Umgang mit Wohlbefinden

Es gibt zahlreiche Methoden, um zu lernen, wie man mit Stress und unangenehmen Gefühlen umgeht.

Hier eine, wie Sie mit Ihrem Wohlbefinden umgehen können:

Listen Sie Elemente auf, die Ihre Stimmung heben können.

Sie können darauf zurückgreifen, wenn Sie ins Trübsalblasen geraten …

**Ihre eigenen Gute-Laune-Macher:**

- Einen lustigen Film sehen
- Mir ein Geschenk machen
- Mit einem Freund telefonieren
-
-
-
-
-
-
-

# ZUM ABSCHIED ...

Am Ende dieses kleinen Übungshefts hier nun ein Satz, über den Sie meditieren können. Er ist von Christophe André, einem französischen Vertreter der Positiven Psychologie:

»Glück bedeutet,
sich dessen bewusst zu sein,
dass es einem gut geht.«

Lassen wir dieses Bewusstsein nicht entgleiten ...

# DAS KLEINE ÜBUNGSHEFT

## *Willkommen in der Bibliothek der guten Gefühle*

**Entdecken Sie viele weitere Themen aus der charmanten Bestseller-Reihe.**

Abonnieren Sie unseren Newsletter und erhalten Sie die aktuellsten Informationen aus den Bereichen Lebenskunst, persönliche Entwicklung, Erfolg und Sexualität.

Einmal pro Woche stellen wir Ihnen eines der **kleinen Übungshefte** mit einer Übung der Woche genauer vor.

Alle Hefte können Sie - innerhalb Deutschlands versandkostenfrei - direkt auf der Website bestellen.

**www.die-kleinen-uebungshefte.de**

TRINITY